T0049809

12 m

10 m

8 m

6 m

4 m

2 m

eratops   **Tyrannosaurus rex**   **Velociraptor**

Las extraordinarias historias de los
Dinosaurios

Guion
Arnaud Plumeri

Dibujos
Bloz

Color
Maëla Cosson

algar

¡Te damos la bienvenida, fan de los dinosaurios!

Los gags que vas a descubrir tratan de respetar al máximo los conocimientos científicos actuales sobre los dinosaurios... Aún a sabiendas de que no hay semana en la que no se hagan nuevas revelaciones sobre estos «terribles lagartos». Porque... ¿quién iba a creer, hace unos años, que el famoso velocirráptor tenía plumas?

¡Pilla tu mochila y ponte en marcha para observar a las criaturas más divertidas que ha conocido la Tierra!

Los autores

Quiero dar las gracias particularmente a Séverine, mi primera lectora; a Bloz y Maëla, por su talento y su paciencia, así como a Olivier, Maxime, Théo y a todo el equipo Bamboo por su apoyo e implicación incondicional.

Y por la inspiración y los consejos proporcionados: Allain, George Blasing, Stéphane Berton, Pascaline Lauters, Philippe Falca y Pascal Tassy.

Arnaud

Un agradecimiento sincero a todas las personas citadas anteriormente, así como a Arnaud, que es el origen del proyecto; a Anaïs, Axel y Sophie, que han «comido» dinosaurio conmigo durante seis meses.

Bloz

Reservados todos los derechos.

Cualquier forma de reproducción, distribución, comunicación pública o transformación de esta obra solo puede ser realizada con la autorización de sus titulares, salvo excepción prevista por la ley. Diríjase a CEDRO (Centro Español de Derechos Reprográficos) si necesita fotocopiar o escanear algún fragmento de esta obra (www.conlicencia.com; 917 021 970 / 932 720 447).

Licencia editorial por cesión de Edicions Bromera, SLU (www.bromera.com)

Título original: *Les dinosaures en bande dessinée*
© BAMBOO ÉDITION, 2010
Texto: Arnaud Plumeri
© Traducción: Paula Soriano Garcia, 2021
Ilustraciones: Bloz
Edición: Pablo Herranz
© Algar Editorial
  Apartado de correos 225 - 46600 Alzira
  www.algareditorial.com
Impresión: Índice SL

1.ª edición: mayo, 2021
ISBN: 978-84-9142-471-0
DL: V-1010-2021

Los primeros dinosaurios

Bienvenido al Triásico, hace 230 millones de años...

¡EH, CHICOS! ¡VENID A VER LO QUE HE ENCONTRADO!

Viejos reptiles hacen un hallazgo que les cambiará la vida...

¡YO ALUCINO!

¿QUÉ ES ESTE ADEFESIO?

¿EH?

Uno de los primeros dinosaurios: el eoraptor.

¡UN POCO DE RESPETO, HOMBRE!

NO VEO QUÉ TIENE DE EXTRAORDINARIO ESTA ESPECIE DE DINO.

ES UNA BROMA, ¿NO?

PARA EMPEZAR, ANDO ERGUIDO SOBRE MIS PATAS.

¡ESO NO LO HACE CUALQUIERA!

BZZZZZ

¡COSA QUE ME PERMITE SER SUPERRÁPIDO AL CAZAR!

¡HOP!

CLAP

GLOUPS!

ADEMÁS, TENGO POTENCIAL.

PRESIENTO QUE EN UNOS AÑOS SERÉ UN TIPO DURO.

GROOOO

T-REX

¡TONTERÍAS!

¡VENGA, LARGO!

LOS DINOSAURIOS SERÁN SOLO UNA MODA PASAJERA.

POF

¡NO FUNCIONARÁ NUNCA!

¡PÉSIMO!

¡NO SERÉIS TAN VALIENTES DENTRO DE UNOS MILLONES DE AÑOS!

¡EL TONTO ESTE...

Para su desgracia, estos viejos reptiles pronto darán paso a los ambiciosos dinosaurios.

PLUMERI / BLOZ

3

Tiranosaurio rex

Observemos a este pequeño dinosaurio enojado...

¡EH! ¡MIRAD QUIÉN VIENE, CHICOS! ¡ES EL EMPLUMADO!

¡HOLA, EMPLUMADO! ¿SABES QUE ERES MUY FEO?

...parece que no tiene una vida fácil...

¿QUÉ PASA, FEO? ¿NOS PASEAMOS COMO LOS MAYORES?

¿SABES QUE TE PUEDES METER EN UN BUEN LÍO?

GRUMBLLL...

¡LARGO DE MI TERRITORIO, SUCIO ENANO MISERABLE!

¡ÑAM! ¡UN EMPLUMADO BIEN JUGOSO!

FLOP

FLAPFL

IIIIRK

Escenas trágicas. ¡Pero esto no es nada comparado con lo que le pasará!

En la adolescencia, nuestro pequeño dinosaurio perderá las plumas...

?

¡Y crecerá y crecerá hasta convertirse en un terrible tiranosaurio!

ROA

Pues sí, se cree que el joven tiranosaurio tenía vello.

¿Puede una juventud difícil ser la razón del mal carácter del tiranosaurio? ¡Misterio!

¿PERO POR QUÉ ES TAN CRUEL?

GRROOOAR

TYRANNOSAURUS REX

Significado: Lagarto tirano rey

Período: Cretácico superior (de -68 a -66 millones de años)

Orden/Familia: Saurisquios/Tiranosáuridos

Longitud: 10-15 metros

Peso: 5 toneladas

Régimen alimentario: Carnívoro

Fósiles: América del Norte

T- PLUMERÍ & BLOZ-REX

4

¿Qué es un dinosaurio?

«Dinosaurio» es un término inventado por sir Richard Owen. Quiere decir 'lagarto terriblemente grande' en griego.

«LAGARTO TERRIBLEMENTE GRANDE»... ¡JI, JI, JI! ¡NO DEBÍA DE CONOCERTE, COMPSO!

Se han catalogado más de 1000 especies de dinosaurios y los paleontólogos descubren cada año una docena más.

¡ADMÍRAME, CHICO! ¡MI ÚLTIMO DESCUBRIMIENTO: UN FRAGMENTO DE CRÁNEO DE SACODEPUS HEMBRA!

EH, JEFE... CREO QUE ES SOLO UNA BOÑIGA DE VACA SECA...

Estas criaturas reinaron mucho tiempo sobre la Tierra: de -230 y -66 millones de años. Por eso, el tiranosaurio no vivía en la misma época que el Compsognathus...

¡UF! ME QUEDO MÁS TRANQUILO.

Lamentablemente, el Compsognathus podía cruzarse con otro monstruo: el alosaurio...

¡A TU CAMITA, ALOSAURIO!

¡MAMÁ!

Al contrario que los reptiles actuales, los dinosaurios no reptaban: caminaban erguidos sobre dos o cuatro patas.

¿VAS A REPTAR DELANTE DE TU AMO, GUSANO?

¡POR MI MADRE QUE NO PUEDO, SEÑOR! ¡LO DICE LA CIENCIA!

En cuanto a la alimentación, unos dinosaurios eran herbívoros (comían plantas) y otros, carnívoros (comían carne).

NO SOY NADA DÍFICIL, ¡ME GUSTAN TODOS LOS DINOS!

¡PUES YA TE DIGO YO QUE TENGO MAL SABOR!

¡SOCORRO!

Con púas, con cuernos, con coraza... Los dinosaurios presentaban apariencias muy diversas y sorprendentes...

¡SÚPER ORIGINAL, ESTE!

¡UN CABEZA DE HUEVO!

¡NO OS RIÁIS TANTO Y AYUDADME A ROMPER EL CÁSCARÓN!

En cuanto al color de los dinosaurios, solo podemos hacer suposiciones.

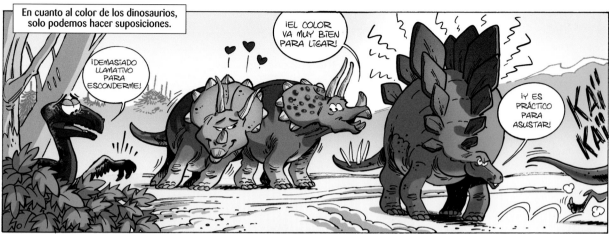

Desde hace poco se sabe que algunas especies, como el velocirráptor, tenían plumas...

¡Pero les servían más para entrar en calor que para volar!

En aquella época, los mares estaban igualmente poblados de criaturas terribles... Como el gigantesco Liopleurodon.

Y el cielo no se quedaba atrás con los pterosaurios.

Sin embargo, el Liopleurodon y los pterosaurios eran reptiles marinos y voladores, ¡pero no eran dinosaurios!

Troodon

¡VAYA! ¿QUÉ ESTOY VIENDO?

Un dinosaurio que se fija en todo.

¡ESO QUE HACÉIS ES UNA TONTERÍA, TRICERÁTOPS!

Pero su principal particularidad es que es inteligente.

¡OS VAIS A ROMPER LOS CUERNOS, VUESTRO PRINCIPAL INSTRUMENTO DE DEFENSA!

Muy inteligente...

Y TÚ... ¿QUIERES PILLARTE UNA GASTROENTERITIS? ¿POR QUÉ COMES HELECHOS PODRIDOS?

¡LOS DE ALLÍ ESTÁN MÁS FRESCOS!

¿HMMM?

TOC TOC

Y le encanta hacerlo saber...

¡NO ES MUY INTELIGENTE COMÉRTELO AHORA, REX!

¡ESPÉRATE UN MES MÁS ANTES DE CAZARLO! ¡ASÍ HABRÁ ENGORDADO Y NO TENDRÁS QUE CAZAR TAN A MENUDO!

Pero, en un mundo de brutos, ¿acaso hay sitio para las grandes mentes?

¡DÉJANOS EN PAZ, SABELOTODO!

¡A MÍ ME COMEN CUANDO YO QUIERO!

¿SABES QUÉ HAGO YO CON MIS CUERNOS?

TROODON

Significado: Diente hiriente

Período: Cretácico superior (de -75 a -66 millones de años)

Orden/Familia: Saurisquios/Troodóntidos

Longitud: 2 metros

Peso: 50 kilogramos

Régimen alimentario: Carnívoro

Fósiles: América del Norte

Tricerátops

TRICERATOPS

Significado: Cabeza con tres cuernos

Período: Cretácico superior (de -68 a -66 millones de años)

Orden/Familia: Ornitisquios/Ceratópsidos

Longitud: 9 metros

Peso: 5 toneladas

Régimen alimentario: Herbívoro

Fósiles: América del Norte

Los dinosaurios famosos del Jurásico

El primer dinosaurio del Jurásico que se hizo famoso también fue el primero en recibir nombre en el año 1824: megalosaurio.

Su primo, el alosaurio, era un tiranosaurio en «miniatura»... ¡Y aun así medía 10 metros de largo y tenía 70 dientes!

El camptosaurio era una especie de vaca enorme capaz de ingerir todos los vegetales a su alcance.

Al estegosaurio se le conoce por sus placas dorsales y su cola dotada de espinas.

Auténtico titán, el braquiosaurio dominaba su época con sus 25 metros de longitud y 50 toneladas.

9

Compsognathus

Este orgulloso dinosaurio que veis es un Compsognathus.

SÍ, Y ADEMÁS SIGNIFICA 'MANDÍBULA ELEGANTE'.

No os fieis de su aire frágil, ¡se trata de un cazador incomparable!

¡ADMIRAD MI TÉCNICA, CHICOS!

Gracias a sus ojos saltones, es capaz de localizar las presas más alejadas.

¡MMM! ¡UNA LIBÉLULA!

Entonces su agilidad excepcional entra en acción.

HOP HOP HOP HOP

El punto fuerte del Compsognathus es su velocidad, ¡estimada en más de 60 km/h!

¡Imposible, pues, escapar de su vista!

BANZAÏÏ!

Pero un detalle importante: el Compsognathus no es más grande que una gallina...

¡Y no hablemos de los insectos gigantes del Jurásico!

¡MMM! ¡UN COMPSOGNATHUS!

¡QUÉ MAL!

COMPSOGNATHUS
Significado: Mandíbula elegante
Período: Jurásico superior (de -156 a -140 millones de años)
Orden/Familia: Saurisquios/Compsognátidos
Longitud: 60-90 centímetros
Peso: 3 kilogramos
Régimen alimentario: Carnívoro
Fósiles: Alemania, Francia

PLUMERI & BLOZ

Las épocas

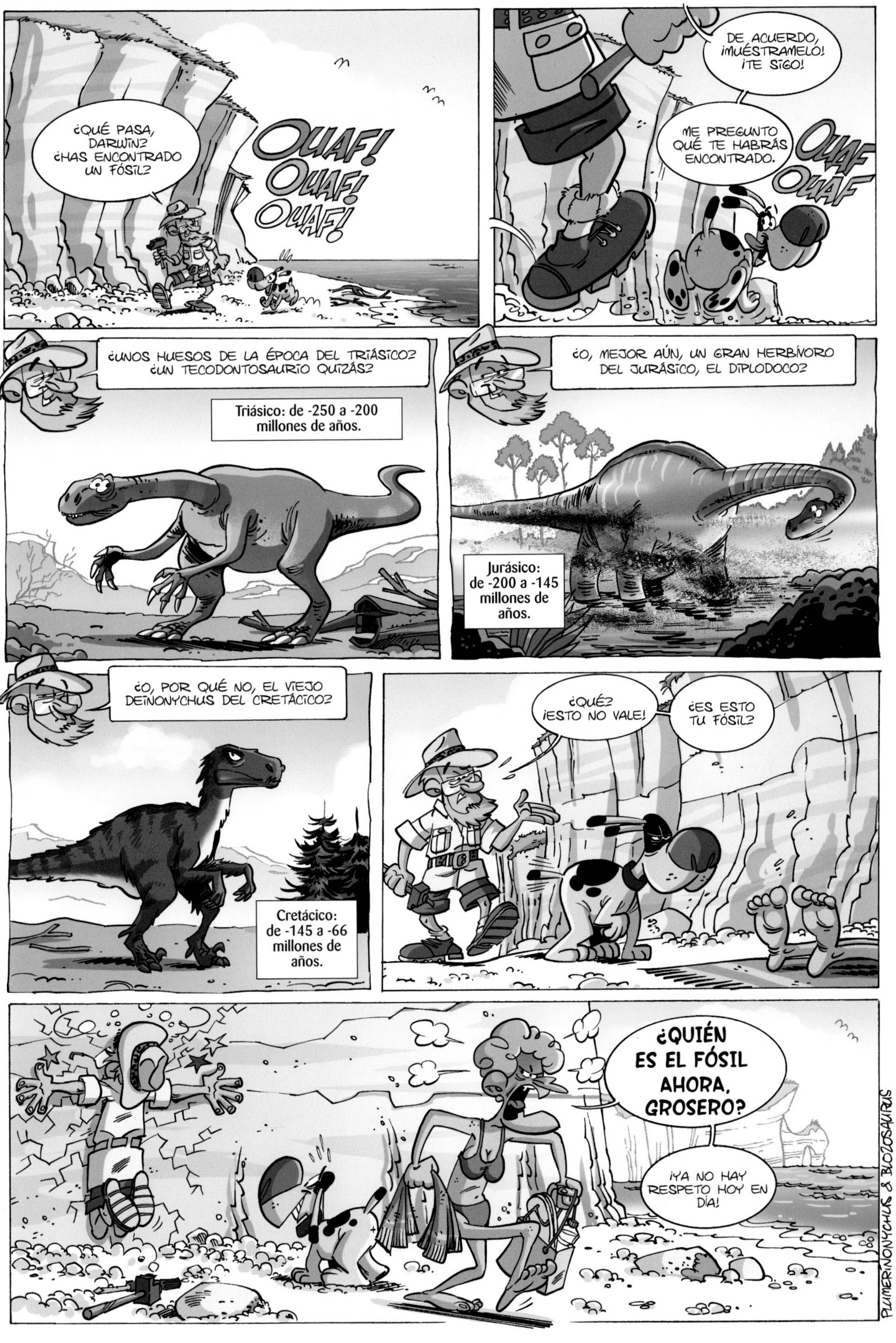
¿QUÉ PASA, DARWIN? ¿HAS ENCONTRADO UN FÓSIL?
OUAF! OUAF! OUAF!
DE ACUERDO, ¡MUÉSTRAMELO! ¡TE SIGO!
ME PREGUNTO QUÉ TE HABRÁS ENCONTRADO.
OUAF OUAF
¿UNOS HUESOS DE LA ÉPOCA DEL TRIÁSICO? ¿UN TECODONTOSAURIO QUIZÁS?
Triásico: de -250 a -200 millones de años.
¿O, MEJOR AÚN, UN GRAN HERBÍVORO DEL JURÁSICO, EL DIPLODOCO?
Jurásico: de -200 a -145 millones de años.
¿O, POR QUÉ NO, EL VIEJO DEINONYCHUS DEL CRETÁCICO?
Cretácico: de -145 a -66 millones de años.
¿QUÉ? ¡ESTO NO VALE!
¿ES ESTO TU FÓSIL?
¿QUIÉN ES EL FÓSIL AHORA, GROSERO?
¡YA NO HAY RESPETO HOY EN DÍA!
PLUMERINONYCHUS & BLOZOSAURUS

Estegosaurio

Hace 150 millones de años, el mundo estaba poblado de estegosaurios...

¡HOLA!

¡HOLA!

¡HOLA!

Uno de los herbívoros del Jurásico más extraños.

¡EH, CAMPTOSAURIO! ¡VEN A PROBAR ESTOS HELECHOS! ¡ESTÁN SÚPERTIERNOS!

¡YA VOY!

CRUNTCH CROTCH!

Para asustar a los adversarios, sus imponentes placas dorsales se llenaban de sangre y adquirían un color rojo vivo.

¿Y TÚ QUIÉN ERES? ¡LARGO DE AQUÍ!

¿Q... QUÉ?

Al estegosaurio le gustaba alimentarse de vegetación tierna.

¡EH, CAMPTO! ¡VEN A PROBAR ESTOS HELECHOS! ¡ESTÁN SUPERTIERNOS!

¿QUÉ? MMM... DE ACUERDO.

MIAM CROUNCH

Su cola estaba dotada de unas púas terribles, muy útiles en caso de peligro.

¡NO TOQUES MIS HELECHOS! ¡SON MÍOS!

PERO...

¡UUUY!

Otra particularidad del estegosaurio...

¡EH, CAMPTOSAURIO! ¡VEN A PROBAR ESTOS HELECHOS! ¡ESTÁN SUPERTIERNOS!

¿ESTÁ LOCO O QUÉ?

El tamaño de su cerebro, poco más grande que una nuez, nos hace dudar de su inteligencia...

¡NO TOQUES MIS HELECHOS, FORASTERO!

¡MÁS ESTÚPIDO NO PUEDES SER!

STEGOSAURUS
Significado: Lagarto con tejado
Período: Jurásico superior (de -156 a -140 millones de años)
Orden/Familia: Ornitisquios/Estegosáuridos
Longitud: 9 metros
Peso: 5 toneladas
Régimen alimentario: Herbívoro
Fósiles: América del Norte

PLUMERI - BLOZ

¿Cómo se forman los fósiles?

En algún lugar de los Estados Unidos, hace 66 millones de años...

¡Un tiranosaurio ataca por sorpresa!

El pobre Parasaurolophus no duda de que se va a convertir en un fósil valioso.

Rápidamente, el cuerpo del dinosaurio se hunde en el lago y se cubre de arena.

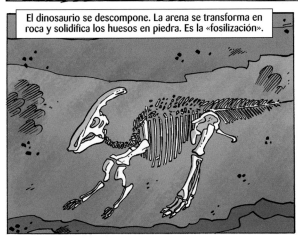

El dinosaurio se descompone. La arena se transforma en roca y solidifica los huesos en piedra. Es la «fosilización».

El mismo lugar, en nuestros días... El fósil acaba por remontar a la superficie del suelo.

13

Los récords

¿QUERÉIS SABER LOS RÉCORDS DE LOS DINOSAURIOS? ¡PREGUNTAD AL EXPERTO!

¡SOY YO, JA, JA!

¿El dinosaurio más rápido? El Gallimimus, con unos esprints de hasta 70 km/h.

¡PUAJ! ¡EL PROBLEMA ES QUE TRAGO MOSQUITOS A PUÑADOS!

PTOU! PTOU! POUAK!

¿El dinosaurio más grande? Sin duda, el Argentinosaurus, 40 metros de longitud.

¡ÑAM! ¡AQUÍ HAY POR LO MENOS UN AÑO DE COMIDA!

Y de los carnívoros, el giganotosaurio era uno de los más imponentes (14 metros, 8 toneladas).

¿El dinosaurio más pequeño? El Microraptor, 40 centímetros de longitud.

¡ESO NO ES EXCUSA PARA METERME EN UNA VIÑETA TAN DIMINUTA!

¡EH!

¿El dinosaurio más inteligente? El Troodon era tan astuto como un gato!

¡ES POR ESO QUE ENTIERRO MI CACA! ¡JE! ¡JE!

¡JE! ¡JE!

¿El dinosaurio más tonto? El estegosaurio, con el cerebro del tamaño de una nuez.

¡PERO NO VAYAS HACIA ALLÁ, PEDAZO DE TONTO! ¡EL VOLCÁN SE HA DESPERTADO!

¿GU?

¿El que tenía la cabeza más grande? El torosaurio*, con un cráneo que medía 3 metros de largo y pesaba 2 toneladas!

¡NO TE DIGO NADA DE LAS TORTÍCOLIS!

¿AH, SÍ? PORQUE, PARA MÍ, QUIEN REALMENTE ES UN CABEZÓN...

...¡ES EL TIPO QUE SE NIEGA A SACAR LA BASURA Y A PASEAR A SU PERRO!

¡EN HOLGAZANERÍA BATES TODOS LOS RÉCORDS!

CALMA, CARIÑO... ¡YA VOY!

PLUMIER & BLOZ

* Para algunos, el torosaurio sería un tricerátops adulto.

Deinonychus

DEINONYCHUS

Significado: Garra terrible

Período: Cretácico inferior (de -120 a -98 millones de años)

Orden/Familia: Saurisquios/Dromeosáuridos

Longitud: 3 metros

Peso: 80 kilogramos

Régimen alimentario: Carnívoro

Fósiles: América del Norte

Braquiosaurio

Desde su nacimiento y a lo largo de toda su vida, los braquiosaurios solo tendrán una obsesión...

¡TENEMOS HAMBRE!

¡COMIDA!

MIAM...

De hecho, cuanto más grandes se hacen, más alejan a los depredadores.

¡APARTA, QUE TENGO QUE COMER!

¡Y YO TAMBIÉN!

Cuando ya son lo suficientemente grandes, los braquiosaurios se unen en manadas... en búsqueda de alimento.

¡TENGO HAMBRE!

AH, ¿TÚ TAMBIÉN?

¿FALTA MUCHO PARA COMER?

¿ESTÁ MUY LEJOS LA COMIDA?

PACIENCIA, CONOZCO UN LUGAR ACOGEDOR.

El lugar acogedor: un exuberante bosque del Jurásico.

¡BIENVENIDOS A MI BOSQUE, BRAQUIS!

A MODO DE APERITIVO, OS PROPONGO UNAS COLAS DE CABALLO... MUY CRUJIENTES...

COMO PLATO PRINCIPAL, UNOS HELECHOS AL DENTE, SEGUIDOS DE...

¡GRACIAS POR INVITARNOS, CAMPTO!

¡ME HE QUEDADO CON HAMBRE!

¡MI QUERIDO BOSQUE!

CROMPF!

Por donde pasan los braquiosaurios, los árboles perecen.

BRACHIOSAURUS
Significado: Lagarto brazo
Período: Jurásico superior (de -160 a -145 millones de años)
Orden/Familia: Saurisquios/Braquiosáuridos
Longitud: 25 metros
Peso: 50 toneladas
Régimen alimentario: Herbívoro
Fósiles: África, América, Europa

PLUMERI - BLOZ

La deriva de los continentes

¡Pánico entre los dinosaurios! La tierra tiembla, los continentes se mueven...

...y provocan muchas erupciones volcánicas.

Triásico: hace 250 millones de años, la Tierra forma un único continente, Pangea.

Jurásico: hace 150 millones de años, el supercontinente empieza a fraccionarse.

Cretácico: hace 66 millones de años, el globo está parcelado en varios continentes grandes.

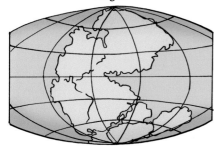

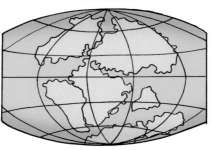

Separadas de sus continentes respectivos, las especies han evolucionado hacia formas muy diferentes. Así, en el Jurásico se podía encontrar...

Los escarabajos peloteros

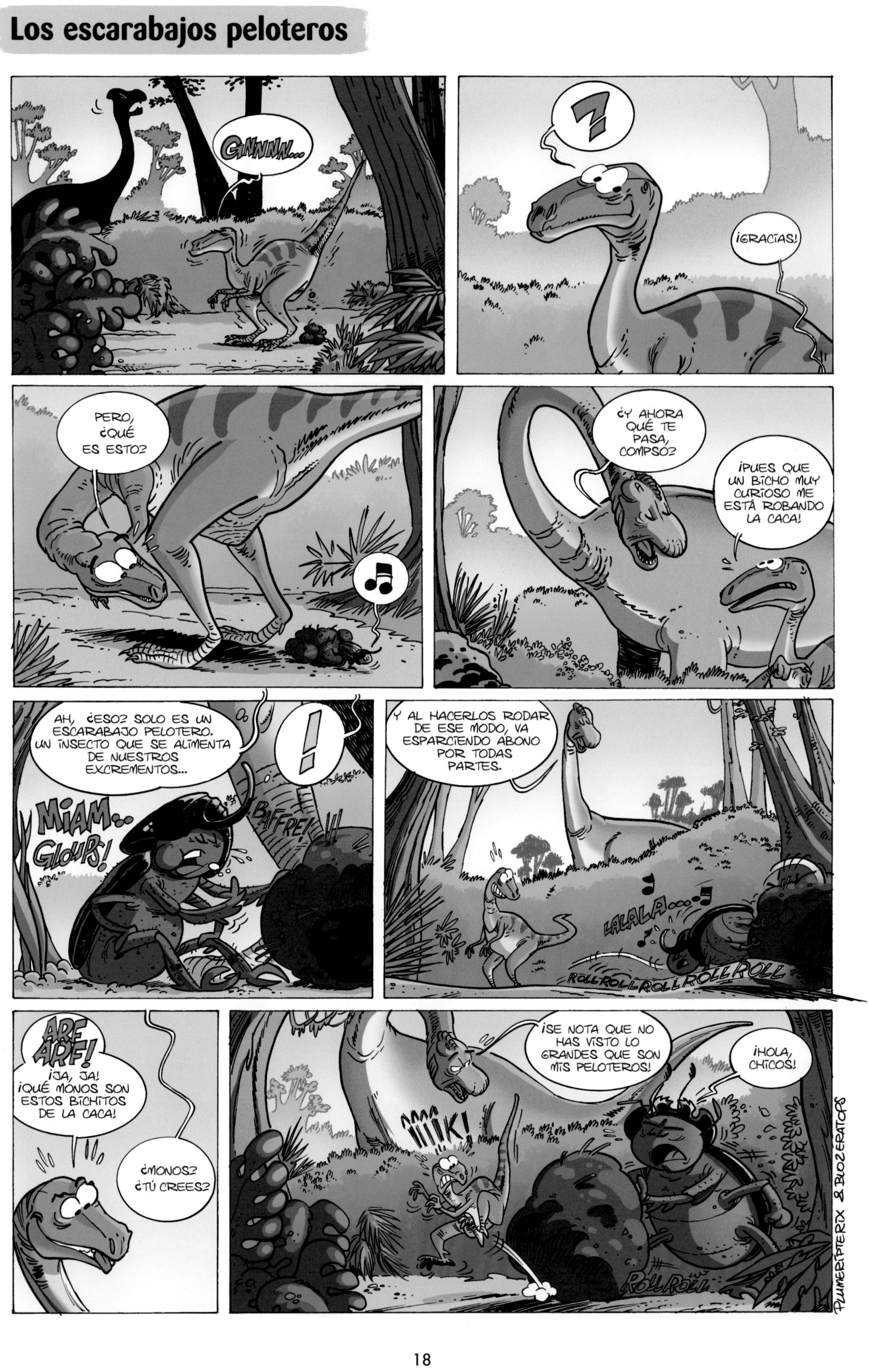
GNNNN...
?
¡GRACIAS!
PERO, ¿QUÉ ES ESTO?
¿Y AHORA QUÉ TE PASA, COMPSO?
¡PUES QUE UN BICHO MUY CURIOSO ME ESTÁ ROBANDO LA CACA!
AH, ¿ESO? SOLO ES UN ESCARABAJO PELOTERO. UN INSECTO QUE SE ALIMENTA DE NUESTROS EXCREMENTOS...
!
MIAM.. GLOUPS!
BAFFRE!
Y AL HACERLOS RODAR DE ESE MODO, VA ESPARCIENDO ABONO POR TODAS PARTES.
LALALA...
ROLL ROLL ROLL ROLL ROLL
ARF ARF!
¡JA, JA! ¡QUÉ MONOS SON ESTOS BICHITOS DE LA CACA!
¿MONOS? ¿TÚ CREES?
¡SE NOTA QUE NO HAS VISTO LO GRANDES QUE SON MIS PELOTEROS!
¡HOLA, CHICOS!
IIIIK!
ROLL ROLL
PLUMERIPTERIX & BLOZERATOPS

Espinosaurio vs. Tiranosaurio

¡A la izquierda tenemos el terrible tiranosaurio, con 12 metros de largo y 5 toneladas!

¡CONTEMPLAD AL REY DE LOS DINOSAURIOS!

¡A la derecha, el abominable espinosaurio, con 15 metros de largo y 7 toneladas!

¡NADIE PUEDE CONMIGO!

Tiranosaurio: ¡unos dientes-puñales de 20 cm y una técnica de combate inigualable!

¡SI ME BUSCAN, ME ENCUENTRAN!

Espinosaurio: ¡una enorme boca de cocodrilo y una cresta dorsal aterradora!

¡A ESTE ME LO CARGO!

¿Quién resultará ganador en este choque de titanes?

¿DÓNDE ESTÁ? ¿DÓNDE ESTÁ? ¡ME LO VOY A COMER!

Nadie, porque estos dos dinosaurios no se han podido encontrar: ¡no vivieron en la misma época!

¿QUÉ?

EH... DICE QUE EL COMBATE ES IMPOSIBLE...

¿AH, SÍ?

¡LO SIENTO POR TI, NO PIENSO HACER EL VIAJE EN BALDE!

CLAP

SPINOSAURUS

Significado: Lagarto con espinas

Período: Cretácico superior (de -108 a -94 millones de años)

Orden/Familia: Saurisquios/Espinosáuridos

Longitud: 15 metros

Peso: 7 toneladas

Régimen alimentario: Carnívoro y piscívoro

Fósiles: El norte de África

T-PLUMEREX & SPINOBLOZ

El devorador de huevos (1)

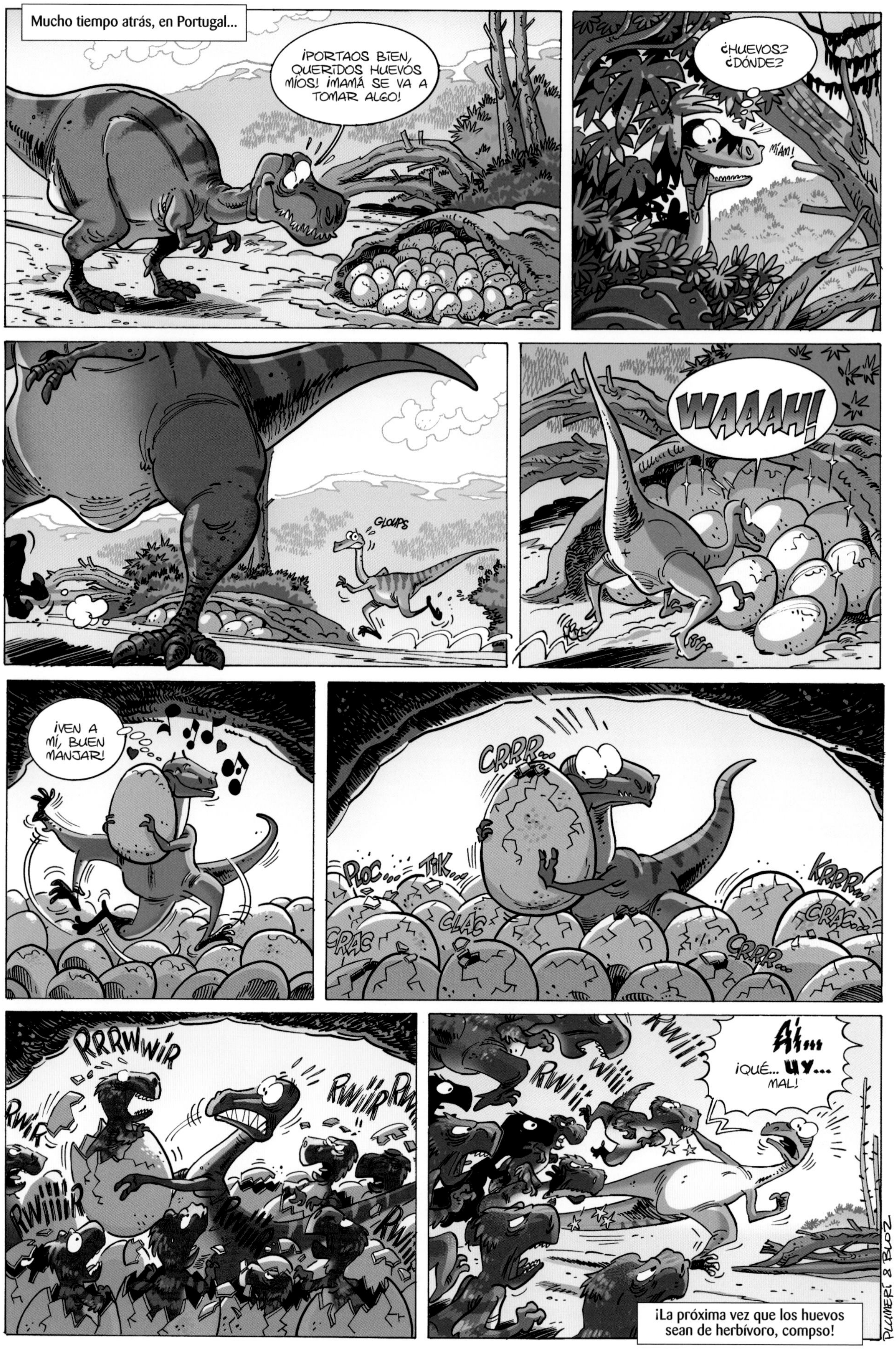

Mucho tiempo atrás, en Portugal...
¡PORTAOS BIEN, QUERIDOS HUEVOS MÍOS! ¡MAMÁ SE VA A TOMAR ALGO!
¿HUEVOS? ¿DÓNDE?
MÍAM!
GLOUPS
WAAAH!
¡VEN A MÍ, BUEN MANJAR!
CRRR...
PLOC...
TIK...
CLAC
CRAC
KRRR...
CRAC...
CRRR...
RRRWWÍR
RWÍR
RWÍÍRRW
RWÍÍÍÍR
RWÍÍ
RWÍÍ
AÍ... ¡QUÉ... UY... MAL!
¡La próxima vez que los huevos sean de herbívoro, compso!
PLUMERI & BLOZ

Tericinosaurio

THERIZINOSAURUS

Significado: Lagarto guadaña

Período: Cretácico superior (de -70 a -66 millones de años)

Orden/Familia: Saurisquios/Tericinosáuridos

Longitud: 9 metros

Peso: 6 toneladas

Régimen alimentario: Herbívoro

Fósiles: China, Mongolia

Iguanodonte

Escena del Cretácico. Un neovenator persigue a un plácido iguanodonte...

¿POR QUÉ YO?

¡PORQUE TE TENGO MUCHAS GANAS!

¿El iguanodonte, un herbívoro indefenso?

¡PULGAR ARRIBA!

¡PAREMOS!

?

¡De indefenso nada, con esos pulgares superpuntiagudos que tiene!

KAÏ!

SPROTCH

¡TOMA UN GOLPE DE PULGAR!

El iguanodonte era un dinosaurio muy expandido al que le gustaba pacer en manada.

¿CÓMO ESTÁ LA COLA DE CABALLO?

¡GENIAL!

CRUMPF CRUMPF

CRUMPF

Dato que se conoce desde 1878 gracias a una de las minas de Bernissart, en Bélgica, donde se hizo un gran descubrimiento....

¿CÓMO ESTÁN LAS PATATAS FRITAS?

CRUMPF CRO... 'CH'

¡GENIALES!

HUM...

Se encontraron unos treinta fósiles de iguanodontes perfectamente conservados, para la alegría de todos...

Bueno, ¡de casi todos!

BRRRR... ¡NO CALIENTA NADA ESTE CARBÓN!

¡PUES NO, PERO EN ESTOS MOMENTOS ES LO ÚNICO QUE SACAMOS DE LA MINA!

IGUANODON

Significado: Diente de iguana

Período: Cretácico inferior (de -140 a -97 millones de años)

Orden/Familia: Ornitisquios/Iguanodóntidos

Longitud: 9 metros

Peso: 4 - 5 toneladas

Régimen alimentario: Herbívoro

Fósiles: Europa, América del Norte, Asia

PLUMERI-BLOZ

Los nombres de los dinosaurios

En el año 1824, el inglés William Buckland se encontraba en un apuro...

ENTONCES, ¿QUÉ FÓSIL ES ESTE?

¿QUERÉIS SU NOMBRE, SEÑOR CUVIER?

Así fue como bautizó por primera vez a un dinosaurio.

ES UN HYPERMEGATOPS... NO, EH... UN MEGA... ¡HE ENCONTRADO UN MEGALOSAURIO!

QUE QUIERE DECIR 'GRAN LAGARTO'.

A partir de aquel día, centenares de dinosaurios fueron denominados principalmente en latín y en griego...

Según su particularidad física...

Según el lugar del descubrimiento...

O con relación a la mitología.

Estrutiomimo, dinosaurio «similar a un avestruz».

¡MÁS BIEN SERÁ ÉL EL QUE SE PARECE A MÍ!

Albertosaurio, descubierto en Alberta, Canadá.

¡SALUDOS DE ALBERTO!

Dilong, «dragón emperador» chino.

¡MI NOMBRE TIENE CLASE!

Si un mismo dinosaurio ha recibido dos nombres diferentes, se conserva el más antiguo...

¡MMM! ¡UN HERBÍVORO PEQUEÑAJO!

Es por eso que el brontosaurio (lagarto trueno) ahora se llama apatosaurio (lagarto engañoso).

¡UPS! ¡DEMASIADO GRANDE PARA MÍ!

YO TENGO UN MÉTODO MÁS SIMPLE PARA DENOMINAR A LOS DINOSAURIOS...

ÉL ES «ENTRANTE».

ÉL, «PLATO PRINCIPAL».

Y ÉL ES «POSTRE»!

23

El devorador de huevos (2)

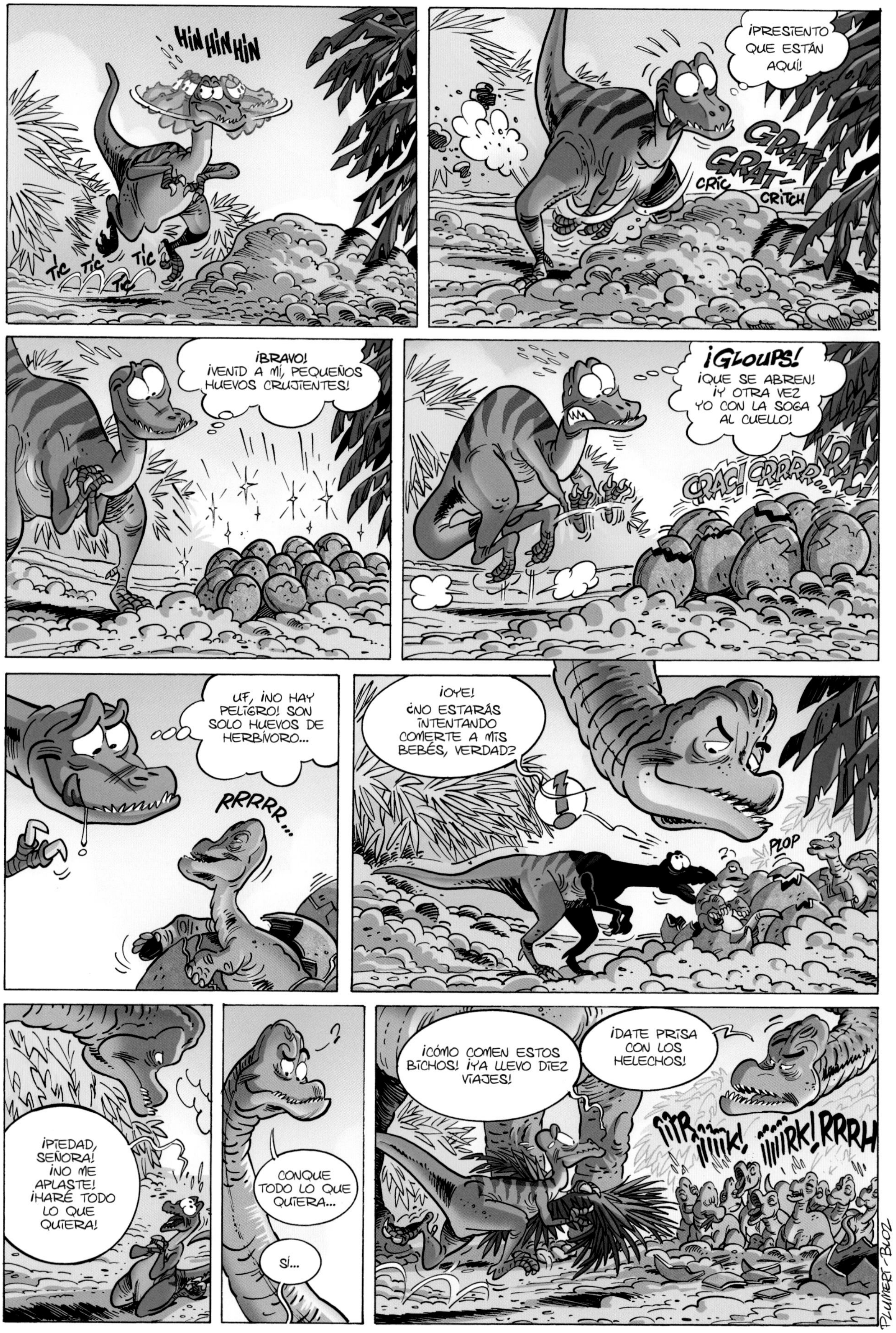
HIN HIN HIN
TIC TIC TIC TIC
¡PRESIENTO QUE ESTÁN AQUÍ!
GRAT GRAT
CRIC
CRITCH
¡BRAVO! ¡VENID A MÍ, PEQUEÑOS HUEVOS CRUJIENTES!
¡GLOUPS!
¡QUE SE ABREN! ¡Y OTRA VEZ YO CON LA SOGA AL CUELLO!
CRAC! CRRRR... KRAC!
UF, ¡NO HAY PELIGRO! SON SOLO HUEVOS DE HERBÍVORO...
RRRRR...
¡OYE! ¿NO ESTARÁS INTENTANDO COMERTE A MIS BEBÉS, VERDAD?
PLOP
¡PIEDAD, SEÑORA! ¡NO ME APLASTE! ¡HARÉ TODO LO QUE QUIERA!
CONQUE TODO LO QUE QUIERA...
SÍ...
¡CÓMO COMEN ESTOS BICHOS! ¡YA LLEVO DIEZ VIAJES!
¡DATE PRISA CON LOS HELECHOS!
RRRH
PLUMERI - BLOZ

Alosaurio

ALLOSAURUS

Significado: Lagarto extraño o diferente
Período: Jurásico superior (de -156 a -144 millones de años)
Orden/Familia: Saurisquios/Alosáuridos
Longitud: 12 metros
Peso: 2 toneladas
Régimen alimentario: Carnívoro
Fósiles: América del Norte, Europa, África, Australia

Los coprolitos

Este paleontólogo está a punto de sacar a la luz un fósil muy valioso...

Un coprolito... o también llamado ¡un mojón de dinosaurio fosilizado!

¡OH, ESPLENDOR DE LOS ESPLENDORES!

Gracias a estos excrementos, conocemos más íntimamente a los herbívoros, sus plantas preferidas...

¡ESTO NO LO VA A ESTREÑIR, NO!

Recientemente, se ha subastado un coprolito por 1000 dólares. ¡Y se han ofrecido sumas aún más elevadas!

WAHOU! ¡SOY RICO!

Un coprolito de 50 cm de largo y 7 kg ha permitido determinar que el tiranosaurio trituraba sus presas antes de tragarlas.

CHOMP! CHOMP!

MASTICAR ES BUENO PARA LA DIGESTIÓN...

CHOMP!

De hecho, se han encontrado fragmentos de huesos rotos en los excrementos.

¡MAGNÍFICO!

¿PERO QUÉ INTENTAS DECIRME?

¿QUE TE NIEGAS A RECOGER LOS REGALITOS DE TU PERRO?

¿RECOGER CACA? ¡ESTÁS LOCA!

¡ES ASQUEROSO!

ADEMÁS, TENGO QUE EXAMINAR ESTOS COPROLITOS...

PLUMERI & BLOZ

Dinosaurios insólitos

NIÑOS, AHORA OS VOY A MOSTRAR UNOS DINOSAURIOS REALMENTE EXTRAÑOS...

OH WAH

OH WAH AHO

FIJAOS EN ESTE, POR EJEMPLO. ¡SE DIRÍA QUE ES UN CRÁNEO DE DRAGÓN! ¡POR ESO HA RECIBIDO EL NOMBRE DE DRACOREX!

WAAAAH!!

PERO ¿ESCUPÍA FUEGO? EN REALIDAD NO...

PRRRRT PRRRRT

¡SOY UN DRAGÓN!

EN CAMBIO, ¡SU CRÁNEO ERA IDEAL PARA DAR CABEZAZOS!

BLONK

¡YO TE VOY A ENSEÑAR A ESCUPIR A LA CARA!

EL CRIOLOFOSAURIO MACHO TENÍA UNA CRESTA MUY GRACIOSA EN LA CABEZA...

¡QUÉ TÍO MÁS BUENO!

QUE LE VALIÓ EL NOMBRE DE ELVISAURIO, EN HOMENAJE AL CANTANTE DE ROCK ELVIS PRESLEY.

LOVE ME TENDER... LOVE ME TRUE.

EN CUANTO A CRESTAS, EL AMARGASAURIO BATÍA EL RÉCORD AL MÁS RARO...

¡TENGO MUCHA CLASE!

PERO ¿CÓMO PODÍA MANTENERSE EN PIE CUANDO SOPLABA VIENTO FUERTE?

¡ME DA MUCHA VERGÜENZA!

WOOOSH

CON TANTAS PLANTAS COMO COMÍA, NO CABE DUDA DE QUE EL ESTRACOSAURIO ESTABA BIEN JUGOSO...

¡YO TE LO CONFIRMARÉ!

¡PERO SU CABEZA DEBÍA DE QUITARLES EL APETITO A LOS DEPREDADORES!

¡UPS!... ¡PREFERÍA VERLE EL TRASERO!

SEGURAMENTE EL KENTROSAURIO SE METÍA DE VEZ EN CUANDO EN LÍOS...

¡NO PUEDE SER! ¡YA HAS VUELTO A SALIR CON LOS PTERODÁCTILOS!

?

...UN POCO «ESPINOSOS».

¿CÓMO LO SABES?

¡MUY FUERTE!

DEL NIGERSAURIO PODEMOS PENSAR QUE SOLO DEBÍA DE QUERERLO SU MADRE...

¡QUÉ GUAPO ERES CUANDO COMES, HIJO MÍO!

CROMCH CRUMCH!

...¡PUESTO QUE SU CABEZA ERA REALMENTE ESPECIAL!

¡GRACIAS, MAMÁ! HIN HIN HIN...

¡¡ARG!! ¿POR QUÉ LE HABRÉ DICHO NADA?

OOOO

Y, PARA FINALIZAR, UN AUTÉNTICO TERROR...

CLING
GLONG
CLING

DILOPHOSAURUS

SNIF SNIF

CRITACRAC

...¡EL PERRO!

DILOPHOSAURUS

KAÏÏ

PLUMERT · BLOZ

Anquilosaurio

ANKYLOSAURUS

Significado: Lagarto acorazado

Período: Cretácico superior (de -70 a -66 millones de años)

Orden/Familia: Ornitisquios/Anquilosáuridos

Longitud: 10 metros

Peso: 4 toneladas

Régimen alimentario: Herbívoro

Fósiles: América del Norte

29

El instinto maternal

¡Atención! Parece que una inquietante criatura se interesa por estos bebés de dinosaurio...

¡Falsa alarma! Se trata de una mamá maiasaura que da de comer a sus pequeños.

¡NO VALE ASUSTAR A MIS PEQUEÑOS!

Esta vez, ¡peligro! ¿Tendrá ganas este oviraptor de una tortilla?

¡Pues no! Tan solo se trata de una madre que empolla sus huevos.

CUANDO PIENSO QUE MI NOMBRE QUIERE DECIR 'LADRÓN DE HUEVOS'...

¡VAYA DISPARATE!

¡Por fin, un feroz dinosaurio como a nosotros nos gusta! ¿Una máquina de matar sin corazón?

COUIC!

GNAP!

¡Fallamos otra vez! Aunque solemos creer que eran todos despiadados...

¡AQUÍ ESTÁ MAMÁ!

¡SÍ, CON NUESTRA CARNE PREFERIDA!

¡ÑAM! ¡UN CORITOSAURIO!

Hay que saber que muchos dinosaurios, como esta mamá tiranosaurio, tenían un instinto maternal muy desarrollado.

TOMAD LO QUE ME HABÉIS PEDIDO... ¡NO PUEDO DECIR QUE NO A MIS QUERIDOS HIJOS!

MIAM CRUNCH ÑAM... CRONTCH ¡MIADF

Muy a su pesar, a veces algunos intentan abusar...

¡TRAE OTRA BESTIA ENORME!

¡QUEREMOS COMER!

YA ME ESTÁN HARTANDO ESTOS...

¡DAME DE COMER, MAMÁ!

¡MAMÁ, TENGO HAMBRE!

En casa de los pterosaurios

¡TÚ NO TE ESCAPAS!

CLAP

¡TENEMOS HAMBRE!

PIU! PIU! PIU! PIU!

¡SÍ, TENEMOS HAMBRE!

? ? ?

JE, JE...

¿PÍO, PÍO?

NIÑOS, TENEMOS UN INVITADO. DEJAD QUE SE COMA LA SERPIENTE.

¡AH, QUÉ AMABLES LOS PTERODÁCTILOS!

ESTABA DELICIOSA. ¡GRACIAS POR EL TENTEMPIÉ!

¡OH, DE NADA! NIÑOS...

BURP

...¿OS APETECE UN COMPSOGNATHUS BIEN RELLENITO?

¡AIE! ¡OUILLE!

¡QUÉ MAL!

NIAM CRAC CROK CROC GNIAK! GNIAK!

PLUMERIDACTYL & BIOZOGNATHUS

31

Los reptiles marinos

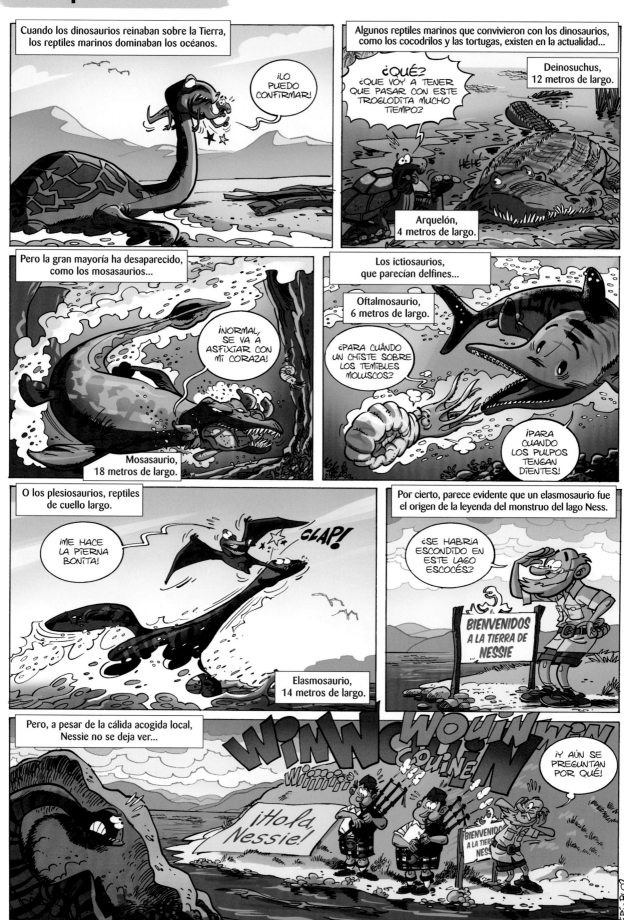

Cuando los dinosaurios reinaban sobre la Tierra, los reptiles marinos dominaban los océanos.

¡LO PUEDO CONFIRMAR!

Algunos reptiles marinos que convivieron con los dinosaurios, como los cocodrilos y las tortugas, existen en la actualidad...

¿QUÉ? ¿QUE VOY A TENER QUE PASAR CON ESTE TROGLODITA MUCHO TIEMPO?

Deinosuchus, 12 metros de largo.

HÉHÉ

Arquelón, 4 metros de largo.

Pero la gran mayoría ha desaparecido, como los mosasaurios...

¡NORMAL, SE VA A ASFIXIAR CON MI CORAZA!

Mosasaurio, 18 metros de largo.

Los ictiosaurios, que parecían delfines...

Oftalmosaurio, 6 metros de largo.

¿PARA CUÁNDO UN CHISTE SOBRE LOS TEMIBLES MOLUSCOS?

¡PARA CUANDO LOS PULPOS TENGAN DIENTES!

O los plesiosaurios, reptiles de cuello largo.

¡ME HACE LA PIERNA BONITA!

CLAP!

Elasmosaurio, 14 metros de largo.

Por cierto, parece evidente que un elasmosaurio fue el origen de la leyenda del monstruo del lago Ness.

¿SE HABRÍA ESCONDIDO EN ESTE LAGO ESCOCÉS?

BIENVENIDOS A LA TIERRA DE NESSIE

Pero, a pesar de la cálida acogida local, Nessie no se deja ver...

WINNNC WOUIN WIN QUINE N

¡Hola, Nessie!

¡Y AÚN SE PREGUNTAN POR QUÉ!

BIENVENIDOS A LA TIERRA NESS

PLUMERI·BLOZ

32

Paquicefalosaurio

¿EL SECRETO PARA CONVERTIRSE EN UN GRAN PAQUICEFALOSAURIO?

NO ES DIFÍCIL: ¡SOLO HAY QUE SABER USAR CORRECTAMENTE LA CABEZA!

TE LO DEMOSTRARÉ...

TOC TOC

PRIMERO, TU CRÁNEO REFORZADO TE AYUDARÁ A GANARTE EL RESPETO DE LOS OTROS MACHOS...

Y AHORA, ¿QUIÉN MANDA?

YA VERÁS, TE RESULTARÁ MÁS FÁCIL CON LAS HEMBRAS.

¿HAS ENTENDIDO LA PRIMERA LECCIÓN, HIJO?

¡SÍ! ¡SÍ! ¡SABER USAR LA CABEZA!

OH OH... HIJO, OTRA LECCIÓN...

¡NO, NO! ¡YA LO HE ENTENDIDO!

¡UN SUPER-CABEZAZO, COMO PAPÁ!

¡FUERA DE MI CASA, ALIENTO APESTOSO!

NUEVA LECCIÓN: USAR LA CABEZA PARA CALCULAR EL PELIGRO ¡TAMBIÉN ES ÚTIL!

PACHYCEPHALOSAURUS

Significado: Lagarto de cabeza gruesa
Período: Cretácico superior (de -70 a -66 millones de años)
Orden/Familia: Ornitisquios/Paquicefalosáuridos
Longitud: 4 metros
Peso: 1 tonelada
Régimen alimentario: Herbívoro
Fósiles: América del Norte

Parasaurolophus

Pánico entre los Parasaurolophus...

¡Un tiranosaurio va de caza!

¿Qué será de esta pobre hembra Parasaurolophus?

¡PATÉ NO, ESPERO!

Por suerte para ella, estos herbívoros también tienen sus puntos fuertes: son solidarios...

...y las enormes crestas de los machos, de casi dos metros...

...¡pueden producir unos sonidos sorprendentes!

Parecidos a las terribles sirenas de niebla, ¡difíciles de soportar!

¡YA BASTA!

¡MIS HÉROES!

Sin embargo, en otras circunstancias, un atributo como este puede suponer ciertos inconvenientes...

¡SILENCIO!

¡POR AQUÍ QUEREMOS DORMIR!

PARASAUROLOPHUS
Significado: Parecido al lagarto crestado
Período: Cretácico superior (de -83 a -66 millones de años)
Orden/Familia: Ornitisquios/Hadrosáuridos
Longitud: 10 metros
Peso: 5 toneladas
Régimen alimentario: Herbívoro
Fósiles: América del Norte

Los antepasados de las aves

Hay pelea en el Jurásico...

¡UN DINO MUY RARO ME ESTÁ MOLESTANDO!

¿UN DINOSAURIO? ¿DÓNDE? SOLAMENTE VEO UN PÁJARO.

CÓT PÓT PÓT
PIC PIC

SNIF

Este Compsognathus acaba de descubrir al muy especial arqueópterix...

COCORICO!

¿NO ES RARITO?

...que ha permitido a los paleontólogos establecer la relación entre los dinosaurios y las aves.

¿AÓ?

De hecho, comparte muchas características con el Compsognathus y las aves modernas.

KOOOAAA
¿PRIMO?

¡NO TENGO NADA QUE VER CON ESTE ADEFESIO CON PLUMAS!

FROT' FROT'

Precisamente se han encontrado plumas en muchos fósiles de dinosaurios.

ATCHA

¡INCREÍBLE! ¡ES ALÉRGICO A LAS PLUMAS INCLUSO FOSILIZADAS!

Y hoy por hoy se sabe que la estrella de Jurassic Park, el velocirráptor, tenía plumas!

STUDIO

ENTONCES, SEÑOR SPIELBERG... ¿SE OLVIDÓ DE PONERNOS PLUMAS EN LA PELI?

Originalmente, las plumas les servían para entrar en calor.

Más tarde evolucionaron para permitir que los dinosaurios más ligeros volaran.

* CREO QUE PUEDO VOLAR!

O quizás al principio planeaban de árbol en árbol...

Con la aparición de las aves, los pterosaurios dejaron de ser los únicos dueños del aire.

Así pues, asistir en la actualidad a esta escena es completamente normal...

Velocirráptor

Érase una vez, un protocerátopo un poco tonto...

¡DROMEOSAURIOS! ¡DROMEOSAURIOS!

¿QUÉ? ¿QUIÉN? ¿POR QUÉ OS VAIS?

...que ignoraba que los dromeosaurios más famosos eran...

¡LOS RAPTORES!

Pronto descubrió cuál era su arma predilecta...

¡OSTRAS! NO OS CORTÁIS LAS UÑAS DE LOS PIES MUY A MENUDO, ¿VERDAD?

POUAK!

Y su técnica de caza preferida: el acoso...

PUFF...

¡DEJADME EN PAZ!

PUFF

¡AYUDA!

PUFF...

...¡hasta caer rendido!

¡YA ESTÁ, YA HA CAÍDO! ¡A COMER!

ARGH

Érase una vez, unos velocirráptores un poco tontos...

?

?

?

...que descubrieron que el tarbosaurio era del tipo holgazán.

¡NO ES JUSTO! ¡NOSOTROS HEMOS HECHO TODO EL TRABAJO!

¡GRACIAS, CHICOS!

¡DEVUÉLVENOS LA COMIDA!

VELOCIRAPTOR
Significado: Ladrón veloz
Período: Cretácico superior (de -75 a -70 millones de años)
Orden/Familia: Saurisquios/Dromeosáuridos
Longitud: 2 metros
Peso: 15 kilogramos
Régimen alimentario: Carnívoro
Fósiles: Mongolia, China

PLURIRAPTOR & BUOCERATOPS

Diplodoco

DIPLODOCUS

Significado: Doble viga

Período: Jurásico superior (de -156 a -144 millones de años)

Orden/Familia: Saurisquios/Diplodócidos

Longitud: 30 metros

Peso: 15 toneladas

Régimen alimentario: Herbívoro

Fósiles: América del Norte

Los dientes del tiranosaurio

Las huellas de los dinosaurios

Depositadas en suelo blando, estas huellas nos ofrecen mucha información.

¡CUIDADO CON LOS RESBALONES! HEMOS LLEGADO A SUELO FANGOSO.

¡Increíble! ¡Hoy en día se siguen encontrando huellas de dinosaurio!

Sobre todo, del tamaño de sus autores.

¡NO ME MAREES CON TUS MATES!

Altura hasta el lomo = 4 x la longitud de la huella.

6 metros

De la organización de las manadas…

¡LOS VIEJOS Y LOS LISIADOS, DETRÁS! ¡LOS JÓVENES, EN MEDIO! ¡LAS HEMBRAS BONITAS, A MI LADO!

¡NO ES JUSTO!

Y de la velocidad a la que corrían… y de la de sus perseguidores.

MAMÁ!

DESPUÉS HABLAMOS DE LAS HUELLAS DE MIS DIENTES, ¿VALE?

Alosaurio: 40 km/h máx.

Braquiosaurio joven: 8 km/h máx.

¡GENIAL! ¡BARRO! ¡YO TAMBIÉN QUIERO DEJAR MI HUELLA EN LA HISTORIA!

COMPSOS

UN PEQUEÑO PASO PARA LOS COMPSOGNATHUS, UN GRAN PASO PARA…

?

SPLATCH

¡AQUÍ TENÉIS LA HUELLA MÁS RIDÍCULA DEJADA POR UN DINOSAURIO!

¡QUÉ VERGÜENZA!

PLUMER - BLOZ

Ouranosaurio

Sarcosuchus imperator, 12 metros de largo.

OURANOSAURUS

Significado: Lagarto valiente
Período: Cretácico inferior (de -115 a -110 millones de años)
Orden/Familia: Saurisquios/Iguanodóntidos
Longitud: 7 metros
Peso: 4 toneladas
Régimen alimentario: Herbívoro
Fósiles: Oeste de África

La desaparición de los dinosaurios

Indino Jones responde todas las cuestiones

¿Y POR QUÉ LE HAS ROBADO LA BARBA A PAPÁ NOEL?

¡EH, SEÑOR! ¿POR QUÉ ESTÁN MUERTOS LOS DINOSAURIOS?

BUENO, NO SE SABE EN REALIDAD POR QUÉ DESAPARECIERON LOS DINOSAURIOS. PERO OS VOY A EXPLICAR ALGUNAS HIPÓTESIS UN POCO ESTRAFALARIAS...

Y ¿SABÉIS QUÉ OS DIGO DE MI BARBA?

Hipótesis 1: la intensa actividad de los supervolcanes...

HOULÀ!

Habría derramado oleadas de lava y de azufre. Habrían contaminado la atmósfera, el agua y la vegetación, y causado la muerte de los dinosaurios.

¿AHORA HUYES? ¿POR FIN ENTIENDES QUIÉN MANDA AQUÍ?

Hipótesis 2: la aparición de plantas con flores, una gran novedad para los dinosaurios...

¿QUÉ ES ESTO? ¿SE COME?

SNIF

Que habrían envenenado a los herbívoros.

¡COMED CINCO FLORES Y VERDURAS AL DÍA, DECÍAN!

Y sin herbívoros que comer...

ME MUERO DE HAMBRE... BUENO, NO ME QUEDAN MÁS OPCIONES...

...los carnívoros se habrían extinguido después.

¡PUAJ! ASQUEROSAS A MORIR ESTAS PLANTAS...

CRUNCH CROMPH

AROGGH... SCRUNK...

Hipótesis 3 (totalmente absurda): la intervención de extraterrestres celosos del éxito de los dinosaurios.

Hipótesis 4: el alejamiento de los océanos. Con la aparición de nuevas tierras, las estaciones se habrían vuelto demasiado calientes o demasiado frías.

Hipótesis 5: la modificación del clima por los volcanes y por el fuego de los bosques...

Lo cual habría producido lluvias ácidas sobre la Tierra.

Hipótesis 6: la aparición de los mamíferos. Habrían devorado los huevos de los dinosaurios.

Hipótesis 7: ¿o quizás fueron víctimas de una epidemia?

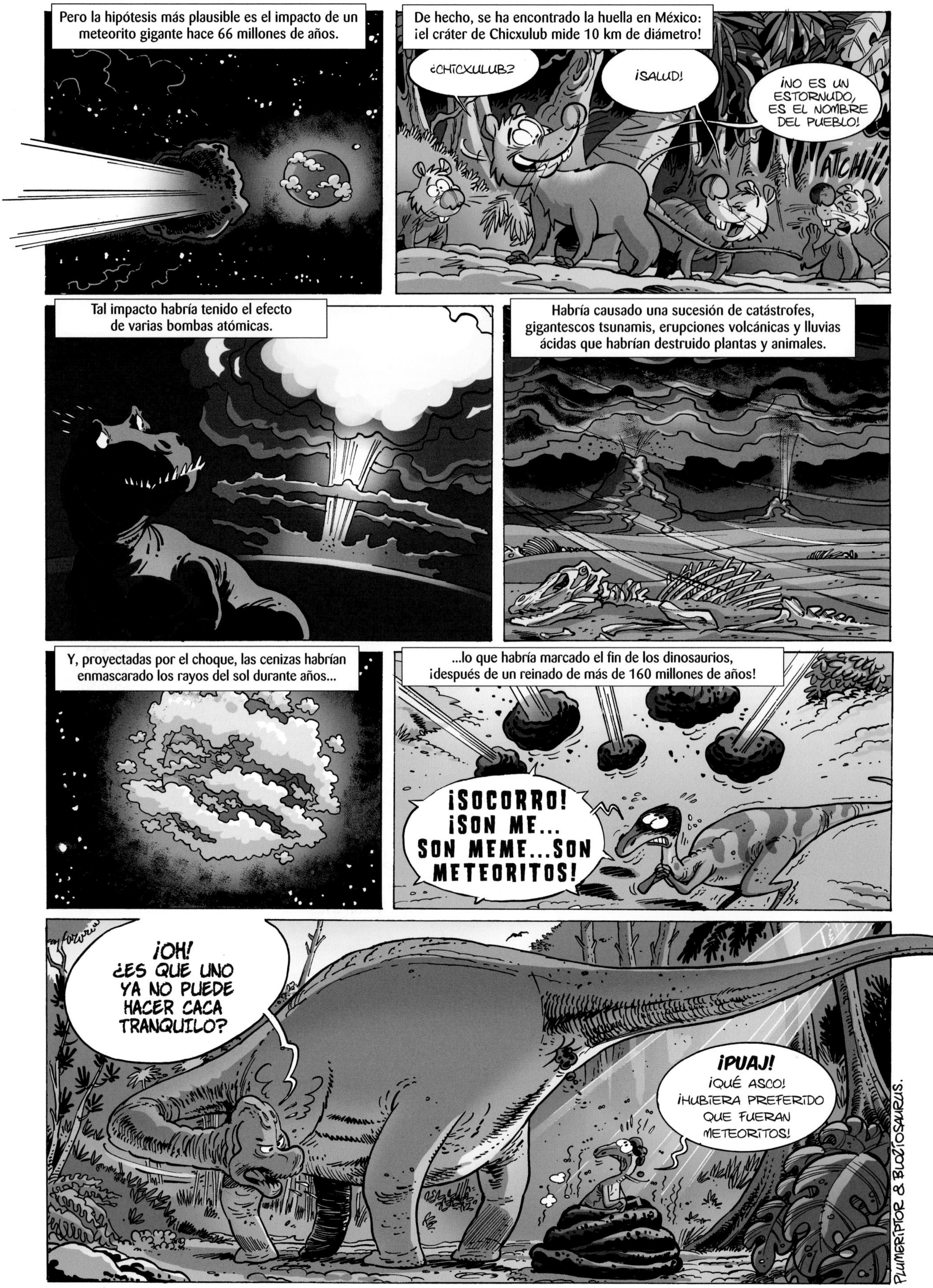
Pero la hipótesis más plausible es el impacto de un meteorito gigante hace 66 millones de años.
De hecho, se ha encontrado la huella en México: ¡el cráter de Chicxulub mide 10 km de diámetro!
¿CHICXULUB?
¡SALUD!
¡NO ES UN ESTORNUDO, ES EL NOMBRE DEL PUEBLO!
ATCHÍ!
Tal impacto habría tenido el efecto de varias bombas atómicas.
Habría causado una sucesión de catástrofes, gigantescos tsunamis, erupciones volcánicas y lluvias ácidas que habrían destruido plantas y animales.
Y, proyectadas por el choque, las cenizas habrían enmascarado los rayos del sol durante años...
...lo que habría marcado el fin de los dinosaurios, ¡después de un reinado de más de 160 millones de años!
¡SOCORRO! ¡SON ME... SON MEME...SON METEORITOS!
¡OH! ¿ES QUE UNO YA NO PUEDE HACER CACA TRANQUILO?
¡PUAJ! ¡QUÉ ASCO! ¡HUBIERA PREFERIDO QUE FUERAN METEORITOS!
PLUMERIPTOR & BLOZIOSAURUS.

Tiranosaurio, ¿el dinosaurio invencible?

Los mamíferos

En la tierra de los dinosaurios, uno de nuestros lejanos antepasados sale de su madriguera...

¡SALID, NIÑOS! ¡TENEMOS VÍA LIBRE!

En esta época, para sobrevivir a los dinosaurios, lo mejor era ser discreto...

...huir rápido...

¡PAPÁ!

...¡y tener hijos para perpetuar la especie!

¡CANALLA! ¡VENGARÉ A MI PAPÁ!

Hasta que llegó el día de la terrible catástrofe...

GLUPS...

?

...que exterminó a los dinosaurios y casi toda la vida en el planeta...

WOOOOOSH

¡Pero no a nuestros primos lejanos!

¡El reinado de los mamíferos sobre la Tierra por fin podía empezar!

¡VENGANZA! ¡SOY EL REY DEL MUNDO!

¡CHITÓN! ¡BAJA LA VOZ!

Términos utilizados en el cómic

Carnívoro: animal que se alimenta de carne.

Coprolito: excremento de animal fosilizado.

Cretácico: período situado de -145 a -66 millones de años.

Depredador: animal que captura presas para alimentarse.

Dinosaurio: término inventado por *sir* Richard Owen que quiere decir 'lagarto terriblemente grande'. Los dinosaurios formaban parte de los reptiles, pero contaban con características que les eran propias (por ejemplo, tenían las patas rectas debajo de su cuerpo). Los dinosaurios eran todos terrestres, ninguno volaba ni vivía debajo del agua.

Fósil: animal o vegetal solidificado en la roca.

Herbívoro: animal que se alimenta de vegetales. El término *vegetariano* se adaptaría mejor, porque la hierba no apareció hasta poco antes de la extinción de los dinosaurios.

Jurásico: período de -200 a -145 millones de años.

Mamífero: animal que tiene mamas con las que la hembra amamanta a los hijos.

Ornitisquio: dinosaurio con cadera de ave.

Paleontología: ciencia que estudia las especies desaparecidas. Sus especialistas son los paleontólogos.

Piscívoro: animal que se alimenta de peces.

Plesiosaurio: reptil marino que convivió con los dinosaurios.

Pterosaurio: reptil volador que convivió con los dinosaurios.

Reptil: animal vertebrado, mayoritariamente reptador, que actualmente comprende a los cocodrilos, los lagartos, las serpientes, las tortugas... y antiguamente a los dinosaurios, los pterosaurios y los plesiosaurios.

Saurisquio: dinosaurio con cadera de lagarto.

Triásico: período en el que aparecieron los dinosaurios, situado de -250 a -200 millones de años.

¿Quién era el tiranosaurio?

El *Tyrannosaurus rex* –tiranosaurio o *T. rex*– es, sin lugar a dudas, el dinosaurio más conocido del mundo. Pero, ¿conoces realmente su árbol genealógico, los secretos de su anatomía o cómo fue descubierto? Gracias a este cuaderno especial, aprenderás casi todo sobre el lagarto tirano rey (¡es lo que significa su nombre!).

CRÁNEO IMPONENTE

COLA RÍGIDA

PATAS DELANTERAS PARTICULARMENTE CORTAS Y DOTADAS DE DOS DEDOS

PATAS POSTERIORES PODEROSAS

¿Lo sabías?

Velocidad

¿A qué velocidad podía correr el tiranosaurio? Los paleontólogos tienen diferentes opiniones. Algunos afirman que podía hacer esprints de hasta 40 km/h; otros señalan que corría la mitad de eso por su peso demasiado elevado. De cualquier modo, esta cuestión es objeto de muchos debates en la comunidad científica.

Muchos fósiles

El tiranosaurio es uno de los dinosaurios mejor conocidos. Se han encontrado unos veinte fósiles, algunos completos al 90 %... ¡Incluso fragmentos de piel fosilizados!

Unos céntimos por Sue

FMNH PR 2081: este es el nombre en código del tiranosaurio mejor preservado que se ha encontrado nunca. Lo descubrió en 1990 la palentóloga Sue Hendrickson. El dinosaurio, llamado cariñosamente Sue, se subastó por la módica suma de **7,6 millones de dólares**.

El mundo del tiranosaurio

A finales del Cretácico, 66 millones de años atrás, prosperan muchos dinosaurios herbívoros, ya sea con pico de pato (los hadrosaurios, como el edmontosaurio o el coritosaurio) o con crestas (los ceratópsidos, como el tricerátops). Por lo que a la naturaleza respecta, surgen las primeras plantas con flores...

Aparecido en Norteamérica hace 68 millones de años, el tiranosaurio es la consecuencia de un largo linaje de **tiranosáuridos** (gorgosaurio, daspletosaurio...). Un tamaño colosal, una boca enorme repleta de dientes con forma de puñal y un físico poderoso hacen del tiranosaurio el **carnívoro número uno** de esta época. Este no reinará sobre la Tierra «más que» tres millones de años, pero su potencia golpeará por siempre jamás nuestra imaginación.

¿Lo sabías?

Coprolitos

Es habitual encontrar excrementos fósiles de tiranosaurio. **Se llaman *coprolitos*,** y algunos de estos se venden bastante caros en las subastas, a veces se pide alrededor de los mil dólares!

WAHOU! ¡SOY RICO!

Dientes

Este dinosaurio tenía unos sesenta dientes en forma de puñales o de plátanos (¡que suena menos espantoso!). **Algunos de los dientes llegaban a medir veinte centímetros.** Unos poderosos músculos rodeaban la mandíbula y le permitían triturar los huesos de las presas.

Crecimiento

El tiranosaurio crecía lentamente a lo largo de unos catorce años. **A partir de esta edad, ganaba peso y tamaño de manera considerable** hasta llegar a la estatura adulta a los veinte años. Debía de vivir una treintena de años.

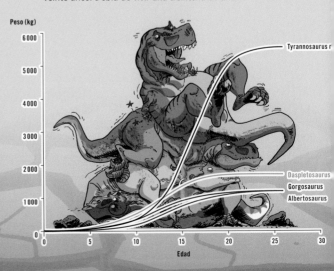

¿Dónde vivía el tiranosaurio?

Hace 66 millones de años, los continentes no estaban posicionados como hoy en día y un mar poco profundo cubría muchas tierras. El tiranosaurio y sus primos más cercanos (el albertosaurio, el gorgosaurio y el daspletosaurio) vivían en el territorio que actualmente se corresponde con América del Norte: Estados Unidos y Canadá. La familia tiranosaurio también estaba muy representada en Asia por el tarbosaurio y el alioramo.

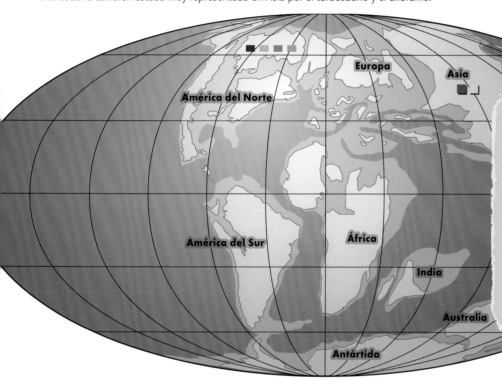

La deriva de los continentes

Cuando aparecieron los dinosaurios, hace 230 millones de años, todos los continentes estaban agrupados en un único bloque: Pangea.

Con el tiempo, los continentes se fueron fraccionando, se desplazaron y evolucionaron hasta formar el mapa del mundo que conocemos actualmente. Esta deriva de los continentes todavía continúa, aunque no es perceptible en la escala de una vida humana.

Tyrannosaurus rex

Albertosaurus

Daspletosaurus

Gorgosaurus

Tarbosaurus

Alioramus

¿Lo sabías?

Tarbosaurio

Habitante de Mongolia, el *Tarbosaurus baatar* **es un primo asiático muy próximo al *Tyrannosaurus rex*.** Tanto que al principio se le llamaba *Tyrannosaurus baatar*.

Nanotyrannus

En el año 1942 se encontró un fósil muy parecido al tiranosaurio, pero de pequeñas dimensiones. **Se bautizó como *Nanotyrannus*, 'tirano pequeño'.** Pero algunos paleontólogos piensan que no se trata de una especie nueva de carnívoro diminuto, sino más bien de un tiranosaurio joven.

Cerebro

Al escanear el interior de su cráneo, se ha podido reconstituir la forma de su cerebro. Por eso, **se cree que el tiranosaurio era un animal bastante inteligente** que contaba con un olfato excelente, lo que le resultaba práctico para localizar a otros animales a larga distancia.

Los primos del tiranosaurio

Varias especies de dinosaurios muy parecidos al tiranosaurio aparecieron hace aproximadamente 80 millones de años. Estos primos cercanos se reagrupan en la familia de los tiranosáuridos.

Albertosaurus

Significado: lagarto de Alberta (provincia de Canadá)
Período: Cretácico superior
(de -72 a -66 millones de años)
Longitud: 9 metros   **Peso:** 2 toneladas
Fósiles: Canadá (Alberta), Estados Unidos (Montana)

Gorgosaurus

Significado: lagarto feroz
Período: Cretácico superior
(de -80 a -72 millones de años)
Longitud: 9 metros   **Peso:** 2 toneladas
Fósiles: Canadá (Alberta), Estados Unidos (Montana)

Daspletosaurus

Significado: lagarto aterrador
Período: Cretácico superior
(de -80 a -72 millones de años)
Longitud: 9 metros   **Peso:** 2 toneladas
Fósiles: Canadá (Alberta), Estados Unidos (Montana, Nuevo México)

Tarbosaurus

Significado: lagarto terrorífico
Período: Cretácico superior
(de -70 a -68 millones de años)
Longitud: 10 metros   **Peso:** 2 toneladas
Fósiles: China, Mongolia

Alioramus

Significado: otra rama
Período: Cretácico superior
(de -70 a -68 millones de años)
Longitud: 6 metros   **Peso:** 1 tonelada
Fósiles: Mongolia

Nanotyrannus

Significado: tirano enano
Período: Cretácico superior
(de -68 a -66 millones de años)
Longitud: 6 metros   **Peso:** 1 tonelada
Fósiles: Estados Unidos (Montana)

Árbol genealógico de los tiranosáuridos

La familia de los tiranosáuridos se compone de carnívoros de dimensiones gigantes (más de 10 metros de longitud) dotados de dos dedos en las patas delanteras. Los más conocidos son el tarbosaurio (que vivía en Asia), el albertosaurio y, por supuesto, el tiranosaurio (¡el orgullo de América del Norte!).

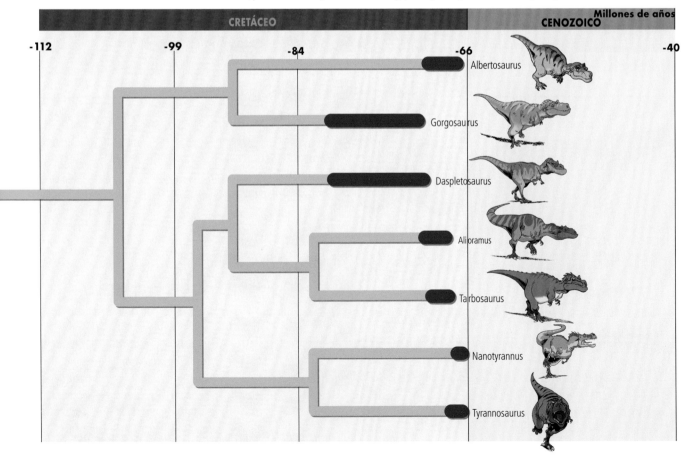

El descubrimiento

Los primeros dientes de tiranosaurio se describieron en el año 1874, **pero fue en 1900 cuando Barnum Brown descubrió el primer esqueleto parcial en los Estados Unidos, en Wyoming.** A los 29 años, Brown recorría el país en búsqueda de fósiles extraordinarios, con el apoyo del AMNH (Museo Americano de Historia Natural).

El paleontólogo Henry Fairfield Osborn fue el encargado de describir científicamente este nuevo fósil. Sorprendido por el gigantismo y el aspecto feroz de la criatura, **Osborn decidió bautizar el dinosaurio como *Tyrannosaurus rex*,** que quiere decir en griego 'lagarto tirano rey'.

En 1905, H. F. Osborn estudió, sin saberlo, otro fósil de tiranosaurio, del cual pensaba que correspondía a una nueva especie. Llamó a este dinosaurio *Dynamosaurus imperiosus*. Más tarde se dio cuenta de su error: este fósil no era otro que el de una especie ya descrita unos años antes, el *Tyrannosaurus rex*. **Si una misma especie recibe dos nombres diferentes, una regla predomina en paleontología: se mantiene el nombre que se ha atribuido en primer lugar**, en este caso, *Tyrannosaurus rex*. Por lo tanto, por pocos años, nuestro dinosaurio preferido se podría haber llamado *Dynamosaurus imperiosus*.

Más grandes que el tiranosaurio

El tiranosaurio estaba lejos de ser el más grande de los dinosaurios. Entre los carnívoros, lo superaban, principalmente, el espinosaurio, el carcarodontosaurio y el giganotosaurio. Por no hablar de los dinosaurios herbívoros de cuello largo, que podían llegar a medir entre treinta y cuarenta metros de largo por doce metros de altura.

Mapusaurus
12 metros de largo

Tyrannosaurus rex
14 metros de largo

Carcharodontosaurus
13 metros de largo

¿Lo sabías?

Visión

El tiranosaurio tenía visión binocular, es decir, que, como nosotros, **podía distinguir las formas en relieve, ya que sus ojos estaban posicionados hacia adelante.** ¡Práctico para cazar!

Cráneo

El cráneo de tiranosaurio más grande que se ha encontrado mide 1,50 metros de longitud; o sea, la altura media de un niño de doce años.

Zancada

El tiranosaurio andaba erguido sobre sus poderosas patas posteriores, dotadas de tres dedos y de un espolón. La zancada de un adulto podía llegar a los cuatro metros. En cuanto a los pies, ¡medían aproximadamente un metro de largo!

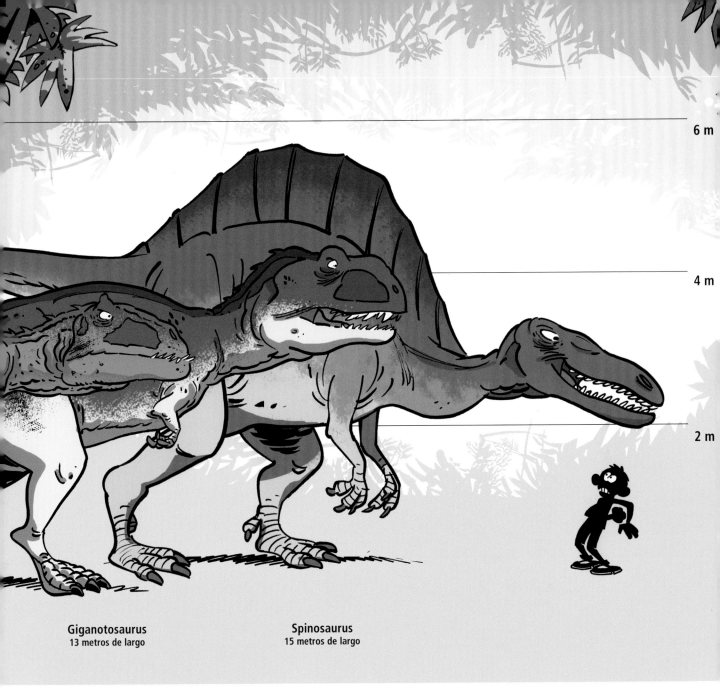

Giganotosaurus
13 metros de largo

Spinosaurus
15 metros de largo

6 m

4 m

2 m

Mordedura infecciosa

Algunos paleontólogos piensan que la mordedura del tiranosaurio podía matar a sus presas lentamente: los trozos de carne enganchados entre los dientes serían propicios al desarrollo de bacterias nocivas que se podían transmitir a las víctimas del tiranosaurio.

¡ADIÓS, MUNDO CRUEL!

Uno de los últimos dinosaurios

Desaparecido hace 66 millones de años, el tiranosaurio, junto con otros animales como el tricerátops, el anquilosaurio y el *Troodon*, fue uno de los últimos dinosaurios que existieron sobre la Tierra.

55

¿Lo sabías?

¿Cazador solitario o en manada?

A pesar de que hace tiempo que se cuestiona si el tiranosaurio cazaba solo, el paleontólogo Philip Currie nos recuerda que los **Tarbosaurus baatar (tiranosaurios asiáticos), cuyos fósiles ha estudiado, vivían en clanes formados por una docena de individuos.** Este dato hace pensar que eran capaces de comunicarse entre ellos y de cazar juntos.

EL PLAN...

TÚ LE CHUPAS LA SAGRE; VENDEMOS SU ADN A SPIELBERG ¡Y NOS HACEMOS MILLONARIOS!

¿Recrear un tiranosaurio?

Igual que en *Jurassic Park*, ¿se podría un día clonar un tiranosaurio? La respuesta es no, desgraciadamente (¡o afortunadamente!), porque no se ha encontrado suficiente material genético (el famoso ADN) de este dinosaurio para recrearlo, si es que la ciencia fuera capaz de eso en la actualidad. Y esto no pasará, porque los investigadores han revelado hace poco que el ADN se deteriora al cabo de solo 521 años y se vuelve totalmente inutilizable después de 1,5 millones de años.

Dolencia

Al examinar la mandíbula fósil del tiranosaurio «Sue», los científicos encontraron unas cavidades extrañas. Mientras que algunos, rápidamente, pensaron que se trataba de heridas infligidas por los dientes de otros tiranosaurios, otros vieron las manifestaciones de una dolencia: la tricomonosis, un parásito que infecta la garganta y el pico de un gran número de aves en la actualidad, por ejemplo, de la paloma.

Tejidos blandos

Se han encontrado tejidos blandos, esto es, de materia orgánica no fosilizada, que pertenecieron a un tiranosaurio de hace 68 millones de años. Los análisis en microscopio han permitido a los paleontólogos deducir que el espécimen en cuestión era, probablemente, una hembra en plena puesta de huevos.

Nido

Como todos los dinosaurios, el tiranosaurio se reproducía poniendo huevos. Pero, al contrario que en el caso de especies como el *Oviraptor* o el *Maiasaura*, no se ha encontrado nunca un nido del lagarto tirano rey.

Diplodocus　　　　　　　　　　**Ankylosaurus**　　　　　　　　　**Paras**